LETTRE

DE M. AUGUSTE MARIETTE

A M. LE VICOMTE DE ROUGÉ

PARIS. IMPRIMERIE DE PILLET FILS AÎNÉ

RUE DES GRANDS-AUGUSTINS, 5

LETTRE

DE M. AUGUSTE MARIETTE

A M. LE VICOMTE DE ROUGÉ

SUR LES RÉSULTATS DES FOUILLES ENTREPRISES PAR ORDRE
DU VICE-ROI D'ÉGYPTE.

PARIS

AUX BUREAUX DE LA *REVUE ARCHÉOLOGIQUE*

LIBRAIRIE ACADÉMIQUE — DIDIER et Ce

QUAI DES AUGUSTINS, 35.

1860.

LETTRE DE M. AUG. MARIETTE

A M. LE VICOMTE DE ROUGÉ

SUR LES RÉSULTATS DES FOUILLES ENTREPRISES PAR ORDRE DU
VICE-ROI D'ÉGYPTE.

Bédréchyn, le 14 mars 1850.

Monsieur,

J'arrive de la haute Égypte, et je mets à profit mes premiers jours
de repos pour vous envoyer des nouvelles des fouilles dont le vice-
roi m'a confié la direction. Vous connaissez, par le compte rendu que
j'ai eu l'honneur de lire, il y a six mois, devant l'Académie des
inscriptions, les résultats principaux que ces fouilles ont produits
jusqu'au mois de juillet de l'année dernière. Depuis ce temps les travaux ont continué, d'heureuses découvertes se sont faites, et le
domaine de la science s'est ainsi agrandi de quelques conquêtes. Ce
second rapport a pour but de vous les énumérer. Je suis l'ordre géo-
graphique, et je commence par les pyramides.

Les pyramides fournissent leur contingent habituel d'amulettes
de toute matière, *tat*, boucles de ceinture, chevets, croix ansées,
vases cordiformes, et de statuettes divines de lapis-lazuli, de corna-
line et de porcelaine. Ces jolis monuments, qui sont l'éclat de nos
vitrines au Louvre, ne se trouvent guère que dans les nécropoles de
Memphis. Abydos les connaît à peine, et j'en ai montré à nos maîtres fouilleurs de Thèbes, nourris dans les ruines, qui les ont consi-
dérés de l'œil d'un antiquaire qui aperçoit un monument difficile à

rencontrer. Peut-être cette plus grande abondance de figurines de lapis et porphyre à Memphis, où les pierres dures pouvaient, par quelque route du désert, arriver plus facilement qu'à Thèbes, n'est-elle qu'une question de fabrique. Mais cette solution n'atteint pas la difficulté que soulèvent les objets de porcelaine, et je serais plutôt porté à voir dans le fait que je viens de vous signaler le résultat de quelque loi religieuse due à l'éponymie de Memphis. Cette opinion est fortifiée par les différences plus ou moins profondes que l'on remarque entre les tombes de Memphis et celles des localités plus méridionales de l'Égypte. Il y a là un sujet neuf d'études et le point de départ de vues nouvelles sur le *Livre des morts*. Jusqu'ici, en effet, le *Livre des morts* a passé pour une composition nationale, exempte des influences des nômes. Mais ces différences, dont je viens de noter quelques traits, sembleraient faire croire que la diversité des cultes provinciaux a eu en Égypte son action sur les modes de sépulture usités parmi les populations, et qu'ainsi le *Livre des morts*, au moins dans quelques-uns de ses chapitres, a pu se modifier en passant d'une province à une autre. Il y a là, je le répète, un problème intéressant qu'il faudra chercher à résoudre quand des observations plus suivies auront fourni à la discussion une somme plus grande d'éléments. — Les figurines et les amulettes ne sont pas du reste les seuls produits de nos investigations aux pyramides, et j'ai à vous annoncer une découverte dont vous apprécierez l'importance.

Vous vous rappelez qu'il y a sept ou huit ans M. le duc de Luynes me chargea de faire des fouilles autour du grand sphinx de Gyzeh. Cette mission eut son fruit : elle amena la découverte du temple où le sphinx était adoré sous le nom de *Hor-em-Khu*, l'*Armachis* des Grecs. Cet édifice singulier, bâti en blocs énormes d'albâtre et de granit, ne put être fouillé en entier, et quand les incertitudes de la guerre naissante me firent renoncer au déblayement, je vous écrivis pour vous faire part de mon opinion. « L'édifice, vous disais-je, est le seul spécimen que nous possédions de l'architecture religieuse proprement dite du temps des pyramides. Nous ne le connaissons encore que par les toits et des sondages opérés dans quelques-unes des chambres, et déjà cependant des fragments de statues ont été mis au jour, ce qui fait supposer que des statues moins mutilées peuvent se trouver sur le dallage des chambres. Or des statues contemporaines de la construction du temple d'Armachis ne seraient ni plus ni moins que des œuvres d'art du temps de l'antique Chéphren. Par conséquent le déblayement est utile à faire, et si des circonstances plus favorables se présentent il faudra l'achever. »

Ces circonstances se sont présentées il y a quelques mois, et la conviction que je viens de vous exprimer doit d'avance vous faire voir que je me suis bien gardé de les négliger. Le déblayement, abandonné depuis dix ans, fut donc repris, et aujourd'hui il touche à sa fin.

Ce nouveau travail n'a pas amené de changements dans le plan de l'édifice tel que vous le connaissez; mais il a fait découvrir au milieu de la grande chambre de l'est un puits que je n'avais pas soupçonné pendant les fouilles du duc de Luynes. C'est dans ce puits qu'en un jour de révolution avaient été précipitées les statues royales qui sont l'événement des fouilles de la nécropole des pyramides.

Il fut un temps, monsieur, où l'on pensait assez généralement que les architectes qui ont bâti la grande pyramide ne savaient ni lire ni écrire, et si je me rappelle bien, le collége m'a nourri dans l'idée qu'alors l'écriture n'était pas inventée. Aujourd'hui nous savons, par la pyramide elle-même, que l'on écrivait du temps de Chéops, et les statues du sphinx vont maintenant nous apprendre que ces temps, voisins du déluge, accusés d'ignorance, ont connu un art avancé, compagnon inséparable d'une civilisation déjà mûrie par l'expérience des siècles. Les statues du sphinx ne pâliraient pas en effet devant les admirables portraits des Thouthmès et des Aménophis que possède le musée de Turin. Elles sont au nombre de sept et représentent toutes le roi Chéphren. Cinq d'entre elles sont mutilées; mais les deux autres sont entières, et l'une d'entre elles est d'une conservation tellement parfaite, qu'on la croirait sortie d'hier des mains du sculpteur. Chacune nous montre le roi assis dans cette pose hiératique qui ne varia plus jusqu'à la chute définitive de l'empire égyptien; il est nu jusqu'à la ceinture, et n'a pour vêtement, avec le *claft* qui couvre sa tête, que le tablier terminé en pointe. Le siége est ou un cube, ou un fauteuil à dos plat dont les bras et les pieds sont des lions debout. Entre les pattes des lions sont sculptées en relief épais les pousses de papyrus, dont les tiges recourbées forment cet ornement que vous pouvez voir sur les statues royales du Louvre. Je vous ai dit que l'une de ces statues est d'une conservation parfaite. Elle est en effet le chef-d'œuvre de la collection. La matière est, comme pour quatre des autres, une brèche verte, traversée en couches irrégulières par de longues veines jaunâtres. Le roi a la main gauche étendue, et la droite tient une bandelette qui retombe sur sa cuisse. Un épervier, debout sur le haut du fauteuil, étend ses ailes, dont il enveloppe, en signe de protection, la tête du monarque. Ici la légende royale, cartouche et bannière, est sculptée sur le socle de la statue, de chaque côté des pieds. Autre part cette même légende, d'une simplicité tout antique, occupe soit la partie postérieure du monument, soit même les bras du fauteuil. Telles sont, monsieur, les statues qu'a rendues à nos études le temple du grand sphinx de Gyzeh. Je ne vous dirai rien de leur prodigieuse antiquité; vous en êtes meilleur juge que moi. Quant à la question d'art, elle se résoud par une affirmative complète en l'honneur de l'art égyptien à l'époque des pyramides. Les statues de Schafra n'ont peut-être pas la sévère élégance des statues de Turin; mais, plus trapues qu'elles, elles accusent en même temps un ciseau plus vigoureux, que la dureté de la matière ne rebuta jamais. La tête du roi est un portrait; le torse est modelé sobrement, bien qu'avec la finesse qu'exagéra la treizième dynastie. Mais c'est dans les jambes et les pieds surtout que se manifeste le talent de l'artiste. Là la négation est impossible, et il est certain qu'en aucun temps, même sous la douzième dynastie, l'Égypte n'a produit des œuvres d'un travail plus remarquable. Ainsi se vérifie l'opinion de Nestor L'Hôte, et je dirai, avec ce regrettable voyageur, que l'art égyptien a cela de propre, que plus on monte vers ses origines, plus on le trouve parfait. En somme, la découverte des statues du sphinx est ce que je n'ai pas eu tort d'appeler un événement. Belles en elles-mêmes, elles restent belles encore quand on les compare aux œuvres des dynasties que l'on croit représenter les siècles florissants de l'Égypte. Elles ont en outre l'avantage d'être les témoins en quelque sorte parlants d'une civilisation sérieuse et avancée. Enfin elles fournissent à la philosophie de l'histoire un chapitre nouveau, en montrant qu'au moment où Schafra ornait les temples de ses images sculptées, l'Égypte portait la marque désormais ineffaçable de ce lent travail sacerdotal qui pétrifia tout chez elle, les formules de l'art comme les formules de ses croyances, et qu'à ces époques reculées elle avait eu le temps déjà de couler le bronze de ce moule inflexible dans lequel elle se façonna elle-même pendant quatre mille ans.

A Sakkarah, autre événement archéologique. La table d'Abydos a donné lieu à des travaux trop célèbres pour que j'aie besoin de les rappeler, et il n'est personne qui ne connaisse les services que ce document a rendus à la science. Signaler la mise au jour dans la nécropole de Memphis d'une nouvelle table d'Abydos, plus complète que celle dont s'est enrichi le musée britannique, c'est donc faire toucher du doigt l'importance de la découverte dont je vous parle. A la vérité, c'est le roi Ramsès II lui-même qui, à Abydos, fait des offrandes devant les images de ses ancêtres, tandis que la table de

Memphis nous montre un simple prêtre du temps de ce même Ramsès (il s'appelait *Tounaroï*) faisant acte de zèle monarchique et rendant ses devoirs aux rois qui, à des époques diverses, se succédèrent sur le trône de Ménès. Mais cette nuance n'ôte rien à la valeur historique et chronologique de la table de Memphis, qui a sur la table d'Abydos des avantages dont vous allez juger.

A part quelques mutilations partielles qui atteignent plus ou moins sérieusement cinq noms royaux, l'inscription de Memphis est complète : nous en avons le commencement et nous en avons la fin. Quarante cartouches y figurent sur deux lignes, et douze d'entre eux sont nouveaux. Il y a deux ans environ, Clot-Bey a enrichi sa nouvelle collection d'une table à libation, dont la partie supérieure et les tranches sont couvertes d'une vingtaine de noms royaux plusieurs fois répétés. Mais ce document, tout intéressant qu'il soit, n'a pas d'autre portée que les tombeaux de Gournah, où de pareilles séries royales se rencontrent. Ce sont des tableaux de famille dont la généalogie est le point de départ, et qui ne remontent guère plus haut que la fin de la dix-septième dynastie. La table de Memphis, au contraire, a toute l'apparence d'une liste royale et historique extraite des registres sacrés. Au delà de la dix-neuvième et de la dix-huitième dynastie, qui à elles deux ne comptent que six rois, elle passe sans transition à la treizième dynastie, à la douzième et à la onzième. La liste ne s'arrête pas là, et les vingt-sept cartouches qui restent sont choisis, non pas, comme à Abydos, parmi les rois inconnus d'une famille dont Manéthon ne donne même pas les noms, mais parmi ceux des plus antiques et des plus célèbres dynasties. C'est ainsi que Miébis (le premier de notre liste) représente la première dynastie. A la deuxième nous trouvons, parmi les rois que je réussis à identifier, Kaiechos, Binothris, Sethenès, Nephercherès, Sesochris; à la troisième, Nechérophès, Soyphis, Sephuris; à la quatrième, Rataichès, entre Khoufou et Schafra. La cinquième dynastie se termine par le Mencherès, le Tancherès et l'Onnos si connus, précédés eux-mêmes de Nephercherès et d'Usercherès. Enfin, à la sixième, nous trouvons, comme on devait s'y attendre, les Othoès et les Phiops, après lesquels la série passe brusquement à la onzième dynastie. Vous voyez donc, monsieur, que l'inscription de Memphis a d'autres proportions qu'un simple tableau généalogique. Comme la table d'Abydos et la Salle des Ancêtres, elle est un extrait de ces listes royales que reproduisait le papyrus de Turin, si malheureusement mutilé, et elle a sur le premier de ces documents l'avantage d'être plus complète et plus étendue, tandis qu'elle l'emporte sur le second par une classification moins contestable des éléments qui la composent. Une autre remarque à faire, c'est que la table de Memphis procède, comme Manéthon, par une sorte de travail qui a pour objet l'élimination des dynasties moins illustres. Toutes les dynasties intermédiaires entre la sixième et la douzième, entre la treizième et la dix-huitième, ne sont en effet que mentionnées dans les listes de Manéthon, et elles sont (à part trois rois) complétement écartées de la liste de Memphis. L'autorité de Manéthon reçoit ainsi, d'un document contemporain de Ramsès II, un appui auquel personne ne refusera une certaine valeur. Enfin, monsieur, j'aurai complété les renseignements que je désirais vous transmettre sur la découverte de Sakkarah, en vous faisant part d'une dernière observation. La table d'Abydos, vous le savez, passe d'Amosis, le premier roi de la dix-huitième dynastie, à Amenemhé IV, l'avant-dernier roi de la douzième, et la liste remonte de cette manière l'échelle dynastique jusqu'à un point initial que nous ne connaissons pas. La table de Memphis a été rédigée sous l'influence de la même loi, et les cartouches s'y suivent dans un ordre chronologique constant. Mais, une seule fois, le rédacteur du monument s'est laissé aller à un caprice dont, je pense, nous allons faire notre profit. En effet, au lieu de placer sans intermédiaire le premier roi de la dix-huitième dynastie à côté du dernier roi de la douzième, le scribe chargé de l'arrangement de la liste a pris la douzième dynastie en bloc : il a mis devant elle Mantouhotep et Améni de la onzième, derrière elle un Ra-Sevek-Ka, qui à lui seul représente la treizième, et de cet ensemble ainsi obtenu, il a formé un tout qu'il a placé, la tête la première, devant Amosis, de telle sorte qu'Amosis est le voisin immédiat de Mantouhotep, et que Ra-Sevek-Ka arrive à se mettre en contact avec Papi. Ce système, qui rappelle certains sarcophages où les légendes sont rétrogrades, groupe par groupe, nous montre l'importance que les documents officiels, imités en cela par Manéthon, accordaient à cette douzième dynastie, à laquelle l'inscription de Memphis donne une place à part. Il nous prouve en outre que, malgré certaines apparences, la douzième dynastie forme avec la onzième et la treizième un groupe qu'il est impossible de désagréger, ce que je regarde comme un résultat très-important pour la chronologie historique des rois qui régnèrent sur l'Égypte avant le vainqueur courageux des Pasteurs. Telle est, Monsieur, la nouvelle fortune que nous ont donnée ces tables de Sakkarah, auxquelles nous devons déjà le Sérapéum. Dans l'état actuel de la science, la découverte de l'inscription de Memphis est loin d'avoir l'utilité qu'aurait, par exemple, celle d'un exemplaire complet du Papyrus royal de Turin; je dirai même que, tout en accordant à la table de Memphis plus de valeur qu'à la table d'Abydos, je ne crois pas que la science, aujourd'hui entraînée dans d'autres chemins, prête au premier de ces monuments l'attention qu'elle a donnée au second. Néanmoins notre pauvreté en listes vraiment officielles doit nous faire saluer avec joie la venue d'un texte dont le vrai mérite est de nous fournir d'incomparables matériaux pour la reconstruction de ces vieilles dynasties qu'illustrèrent les ancêtres de Chéops et de Mycérinus.

Avant de quitter Sakkarah, je vous signalerai la découverte faite aussi dans cette nécropole de quelques sépultures privées où j'ai retrouvé une vingtaine de ces statues de l'art antique que résume si admirablement le grammate accroupi du Louvre. Un certain Ra-nofré, entre autres, prêtre du temple de Phtah et contemporain de la cinquième dynastie, a orné sa tombe de statues de grandeur naturelle qui ne sont pas inférieures au scribe. L'une d'entre elles, peinte encore de ses couleurs, mérite surtout notre attention. Le personnage est debout, et vêtu seulement du tablier qui couvre ses hanches. Le cou, les pectoraux, les bras, les jambes, tout y est singulièrement vigoureux et révèle l'artiste-prêtre qui, sans enfreindre ces lois sacrées dont a parlé Platon, se laisse aller à une imitation nette et franche de la nature. La tête aussi est un portrait, et à voir ces yeux qui regardent, cette bouche qui va s'ouvrir pour parler, on croirait la statue vivante. Comme le scribe du Louvre, les nouvelles statues ont été trouvées aux environs du Sérapéum.

A Abydos, ces travaux se sont portés sur deux points principaux, le grand temple et l'enceinte du nord.

Les travaux du grand temple marchent lentement. A une époque inconnue, mais très-ancienne, l'édifice s'est profondément lézardé, soit par l'action naturelle du temps, soit par l'effet d'un tremblement de terre, et je crains bien qu'aujourd'hui il ne tienne debout que par les sables dans lesquels il est noyé jusqu'aux chapiteaux de ses colonnes. Le déblayement d'une construction dont la solidité est ainsi mise en question est donc une opération délicate, que la sûreté des ouvriers et la conservation d'un monument déjà célèbre dans l'antiquité me forcent à mener avec lenteur. Néanmoins quelques parties sont achevées, et l'on peut voir dès à présent que si le temple d'Abydos présente dans son architecture des singularités qui ont frappé M. Jomard et les auteurs du grand ouvrage de la commission d'Égypte, il n'est pas moins remarquable par les figures dont on l'a orné. C'est surtout dans les sept fameuses chambres voûtées (trois autres de l'annexe du sud complètent le nombre de celles qu'avait vues le Père Sicard) que se manifeste l'évidence du fait dont je viens de parler. On ferait un livre avec les scènes que l'on y voit, et qui, réparties par vingt dans chaque salle, ne donnent pas moins de cent quarante tableaux. Sur chacun d'entre eux le roi Séti Ier, le fondateur du temple, est représenté dans l'une des postures de l'adoration. Une divinité est devant lui : « Chapitre, dit un texte gravé en « tête de l'un de ces chapitres, de présenter le collier *ousekh* à son « père Ammon par le roi, seigneur des deux mondes, Soleil stabili- « teur de justice, » et plus bas on lit : « Paroles à dire par le roi : « Sois propice, ô Dieu Toum; sois propice, ô dieu Soleil, toi le créa- « teur qui te réjouis quand tu montes dans le ciel et que tu rayonnes « sur les obélisques qui sont dans le temple *Oer-to*, à Héliopolis. » Autre part on lit : « Chapitre de présenter la bandelette verte à son « père Osiris par le fils du Soleil, Séti, l'aimé de Phtah; » ou bien : « Chapitre de présenter la bandelette rouge, » ou bien encore : « Chapitre de placer le grand collier et les longues plumes sur la tête « d'Horus, vengeur de son père, par le roi de la haute et de la basse « Égypte, Séti, l'aimé de Phtah; » et invariablement ces têtes de chapitre sont suivies des mots : « Paroles à prononcer par le roi : « J'ai placé le diadème sur ta tête, ô toi (le roi s'adresse à Isis), qui « es l'œil du Soleil, toi qui es la maîtresse des deux mondes, toi « qui es la dominatrice de la contrée de Schet, etc., etc. » Les scènes dont sont ornées les parois des chambres voûtées d'Abydos ne sont donc pas de celles dont on peut négliger l'étude. Si l'histoire n'y trouve rien à apprendre, la mythologie y gagne au moins de bons textes à s'approprier, et, dans tous les cas, les cent quarante tableaux d'Abydos me paraissent avoir le mérite d'être l'extrait sur pierre de quelque livre sacré sur les devoirs religieux à accomplir par les rois, probablement l'un des quarante-deux de Clément d'Alexandrie. A ce point de vue, le déblayement du temple d'Abydos a porté son fruit, et je n'ai pas besoin de dire qu'il continue.

L'enceinte du nord est celle-là même qui, l'année dernière, m'a mis entre les mains le colosse de Sésourtasen Ier. Cette année, des succès ont encore marqué nos fouilles dans cette partie de la nécropole d'Abydos ; mais ils ont été accompagnés de regrets dont vous comprendrez l'amertume, vous, Monsieur, qui aimez tant cette belle science que créa le génie de Champollion. Figurez-vous, en effet, le long d'un mur d'une cinquantaine de mètres de développement, enceinte probable d'un temple détruit, tout une suite de grandes stèles alignées à leur place antique. Les textes qui les couvrent sont serrés;

des cartouches et des dates s'y rencontrent souvent, et au premier
coup d'œil vous distinguez que ces stèles ne sont rien moins que des
décrets émanés de l'autorité civile ou religieuse du pays, et gravés
sur pierre pour être déposés dans les temples au nom de cet usage
dont témoignent les dernières lignes de l'inscription de Rosette.
Voilà, je crois, Monsieur, ce qui constituerait un vrai trésor, et les
décrets d'Abydos seraient publiés que la littérature hiéroglyphique
compterait certainement quelques richesses de plus. Malheureusement le *sebakh* des Arabes, c'est-à-dire cette terre saturée de salpêtre
qui forme le sol d'Abydos, a accompli son œuvre de destruction. Les
stèles sont bien entières, mais quelques-unes ont perdu jusqu'à la
dernière trace de toute inscription; chez d'autres, quelques fragments
sont seuls restés lisibles sur l'épiderme à moitié rongé du monument; d'autres enfin sont sorties de la fouille fraîches et complètes
comme au premier jour, et sont tombées plus ou moins en poussière
au premier rayon de soleil qui est venu frapper leur surface. A peine
si quelques-uns d'entre ces textes ont échappé au naufrage qui en a
fait périr tant d'autres, et encore, découragé comme je l'étais, ne me
suis-je pas senti la force de les étudier, en sorte que je ne puis vous
en rien dire. Maintenant, toute ressource est-elle évanouie; et ces
découvertes, même après les déceptions qui changent les succès en
revers, ferment-elles la porte à toute espérance? Je ne le crois pas.
Si l'usage de déposer dans les temples une copie de certains actes
officiels est aussi constant qu'il semble l'être, il est impossible que le
hasard des fouilles ne nous livre pas un jour quelque temple où des
archives moins mutilées se seront conservées jusqu'à nous. Peut-être,
d'ailleurs, les parties encore inconnues du mur d'Abydos nous ré-
servent-elles de nouvelles surprises. Il est donc raisonnable de pen-
ser que des recherches poursuivies avec persévérance produiront tôt
ou tard un bon résultat. — J'allais oublier de vous dire que les décrets que je vous ai signalés comme encore lisibles en totalité ou en
partie sont au nombre de six, et embrassent une période qui commence à Nofréhotep II pour finir à l'un des derniers Ramsès.
    J'arrive maintenant à Thèbes qui est toujours, après Sakkarah, la
source principale à laquelle s'alimente le musée du vice-roi. Là les
travaux s'avancent sur trois lignes parallèles, à Médinet-Abou, à
Gournah et à Karnak.
    A Médinet-Abou, le déblayement suit son cours normal, et le beau
temple de Ramsès III sort peu à peu du linceul de décombres que
dix-huit siècles avaient étendu sur lui. Conduits par un nazir igno-
rant, les ouvriers avaient trouvé un moyen facile de ne pas rendre

leur tâche trop longue, et au lieu de porter les matériaux provenant des fouilles à une distance qui ne menaçât plus le temple d'un nouvel enfouissement, ils les avaient jetés contre le mur d'enceinte de l'édifice. Cette négligence a produit son effet. Des bas-reliefs célèbres dans la science ont ainsi disparu une seconde fois, et certains touristes, de ceux qui voyagent pour écrire leurs noms à travers les légendes de tous les monuments, ont eu cet hiver quelque raison d'accuser l'infidélité de leur guide Wilkinson. Si vous le pouvez, dites, Monsieur, à ces touristes que le mal est réparé, et qu'aussitôt que je l'ai su, les bas-reliefs ont été rendus à la lumière dont ils n'auraient jamais dû être privés. Du reste, rien jusqu'ici de bien nouveau. Dans les longues journées de ces fouilles, qui ne sont, à proprement parler, que des mouvements de terrain, j'aime souvent à me rappeler les ennuyeuses traversées de l'Océan. L'esprit fatigué s'irrite de la monotonie de l'horizon; mais tôt ou tard l'on arrive au port désiré, et l'on récolte les fruits de ces heures qu'on croyait perdues.

Gournah est le souci de mes fouilles. J'y mets ouvriers sur ouvriers, j'y multiplie les moyens d'action et de surveillance, et cependant c'est à peine si quelques succès (succès de peu d'importance à la vérité, mais qui, tout autre part qu'à Gournah, seraient remarqués) viennent de temps à autre payer nos efforts. Faudrait-il désespérer de Gournah que, depuis quarante-cinq ans, les Arabes n'ont pas cessé un seul jour de fouiller avec l'ardeur qu'aiguillonne la cupidité, et ce sol fécond commencerait-il à donner quelques signes d'épuisement? Je le crains bien. Si moi seul, après des efforts sérieux, arrivais à ce résultat quasi-négatif, je me croirais peut-être en droit d'accuser ma propre négligence au profit de la vieille réputation de Gournah; mais les Arabes eux-mêmes proclament le fait que je viens d'énoncer, et je ne connais personne qui soit tombé, depuis dix ans, sur une de ces veines qui ont donné autrefois à M. Drovetti, à M. Mimaut, à M. Passalacqua et à tant d'autres, les trouvailles dont se sont formés en grande partie les musées de Turin, de Paris et de Berlin. En un coin seul de Gournah, à Drah-abou-neggah, nos tentatives n'ont pas été vaines. Vous connaissez mieux que moi le papyrus Abbott, ce singulier texte récemment traduit par M. Birch, et révélé au public français par M. Chabas. Il paraît que, sous le règne de Ramsès IX, une bande de voleurs s'organisa à Thèbes et choisit pour théâtre de ses expéditions la nécropole de cette ville. Les tombeaux des gens du commun, nommés *ab-haï*, furent d'abord dépouillés. Des tentatives furent ensuite faites sur les tombes des prêtresses du temple d'Ammon, et enfin ces voleurs s'attaquèrent aux sépultures royales. L'autorité, bien entendu, s'émut de ces méfaits; une commission fut nommée, des gens arrêtés, une enquête faite, et c'est le procès-verbal de cette enquête qui nous est parvenu dans le papyrus Abbott. Or, le genre de service qu'un monument de cette nature peut rendre n'échappe à personne, et il semble évident que l'enquête dont il s'agit, avec tous ses renseignements sur les sépultures violées, doit avant toute autre chose contenir des révélations sur l'emplacement que ces sépultures occupaient. Malheureusement un tel secours nous est refusé. Rédigé pour les seuls besoins d'une cause et nullement pour instruire la postérité, le papyrus passe légèrement sur les détails topographiques, en sorte que nos fouilles à Gournah, contre toute attente, n'ont pour ainsi dire pas à compter sur lui. Mais si le papyrus ne donne pas ce que nous pensions avoir le droit de lui demander, il n'est pas impossible qu'à leur tour nos fouilles ne lui viennent en aide en nous fournissant des données propres à compléter ce document et à éclaircir quelques passages obscurs de son texte déjà remarqués par M. Birch. Dans cette pensée, j'ai donc mis des hommes à l'œuvre aux environs de Gournah, et effectivement, en peu de jours, j'obtenais des résultats dont l'importance n'est pas à dédaigner, et qui peuvent se résumer ainsi qu'il suit : — 1º J'ai reconnu dans Drah-abou-neggah le district des tombes royales exploitées par les voleurs; mais je n'ai encore trouvé ni le lieu des *ab-haï*, qui était probablement aussi à Drah-abou-neggah, ni celui des sépultures des prêtresses d'Ammon, qui n'y était certainement pas. — 2º Drah-abou-neggah est une plaine qui comprend aujourd'hui une portion du désert, un quartier de Gournah et des terrains en culture, tandis qu'autrefois cette plaine a été un cimetière qu'un mur d'enceinte limitait, au moins sur deux de ses côtés; Drah-abou-neggah peut être ainsi, sans autre preuve cependant que le papyrus Abbott lui-même, l'endroit que ce papyrus appelle du nom complexe et tout à fait dans les habitudes égyptiennes, de *kher, des millions d'années du roi à l'ouest de Gémi.* — 3º Depuis la onzième dynastie jusqu'à la fin de la dix-neuvième, Drah-abou-neggah a été employé comme lieu de sépulture pour des personnages de tout rang; mais l'usage d'y enterrer les rois, qui remonte aussi haut que la onzième dynastie, cesse, en s'interrompant souvent, avec Aménophis Iᵉʳ. — 4º Les tombes de Drah-abou-neggah sont de quatre sortes: les premières sont des hypogées creusés sur la déclivité des collines de l'ouest, et consistent en une ou plusieurs chambres situées sur un plan horizontal et destinées à contenir les momies; quelquefois l'entrée de cette première sorte de tombes est cachée par des décombres amoncelés à dessein devant la porte ; mais le plus souvent la façade est une œuvre d'architecture qui s'aperçoit de loin et dont la porte s'ouvre à volonté. Les tombes de la deuxième sorte sont situées dans la plaine ; on bâtissait un édifice quelconque, souvent massif et de forme pyramidale ; dans cette masse on ménageait une chambre qui contenait la momie, et à laquelle donnait accès une porte toujours praticable. Les tombes de la troisième sorte ont encore des chapelles extérieures ; mais ces chapelles recouvrent en un endroit ignoré un puits vertical qui lui-même aboutit à des caveaux souterrains ; après les cérémonies de l'enterrement, le puits était comblé avec du sable, de la terre et des pierres, et les morts qui y reposaient étaient ainsi privés pour toujours de la visite des vivants. Les tombes de la quatrième sorte sont les plus simples : dans le sol pierreux de la plaine, on faisait un trou de quelques mètres de profondeur ; on descendait le cercueil dans ce trou, qui était ensuite rebouché, et tout était dit. Ainsi les quatre sortes de tombes peuvent se réduire à deux : celles dont les momies étaient accessibles en tout temps, c'est-à-dire les tombes des deux systèmes, et celles dont les momies, après les funérailles, étaient pour jamais cachées à tous les yeux. En ce qui regarde les faits auxquels se rapporte l'enquête du papyrus, on conçoit que les voleurs aient difficilement porté la main sur les momies de la quatrième sorte ; mais on s'aperçoit en même temps qu'ils ont pu violer les autres, soit en forçant les portes des tombes, soit en perçant les murs, soit en vidant les puits, soit enfin en creusant des galeries souterraines qui les faisaient passer d'un caveau dans un autre. — 5° Ces quatre manières d'ensevelir les morts ont été indifféremment employées pour les rois et pour les particuliers ; quant aux termes qui les désignaient dans l'antiquité, je ne saurais les préciser ; une étude approfondie des documents originaux nous fera seule savoir si les *asou* sont le terme générique qui désigne les chapelles mortuaires, et si les *ab-haï* et les *abmer* sont des édifices dont la dénomination varie selon qu'ils cachent ou qu'ils montrent le personnage dont ils abritent la dépouille mortelle, ou bien encore selon qu'ils s'appliquent à des tombeaux de rois (*abmer*) ou à des tombeaux de particuliers (*ab-haï*). — 6° J'ai reconnu à Drah-abou-neggah l'emplacement de sept tombes royales qui sont : — celles des rois Ra-noub-Kheper-Entef et Sevek-em-Saf, creusées à l'ouest de la plaine, dans les flancs d'une colline ; la tombe du premier de ces rois est un hémi-spéos, et la façade était ornée de deux obélisques ; — celles des rois Entef II, Entef III et Entef IV, qui étaient des constructions élevées dans la plaine, avec portes toujours praticables ; la tombe d'Entef IV était une pyramide non orientée ; la porte donnait accès dans un couloir qui lui-même conduisait à une chambre dans laquelle la momie royale a été déposée ; au fond de cette chambre est encore debout une stèle qui nous montre le roi suivi, non pas comme l'En-aa du papyrus, de son chat *Buhaki*, mais de ses quatre chiens *Behkau*, *Abakaro*, *Pehtès* et *Takro* ; — celle d'un roi Ahmès qui n'est ni l'Amosis de Manéthon, ni l'Ahmès *si-pear* du papyrus, ainsi que celle de la reine Aah-Hotep, toutes deux arrangées selon le quatrième système, c'est-à-dire que les momies royales enfermées dans leur cercueil avaient été confiées à la terre sans aucun signe extérieur qui en révélât la présence. Les personnages royaux dont j'ai reconnu les tombes sont donc bien au nombre de sept, et trois d'entre eux sont mentionnés par le papyrus, qui en compte dix en tout. Si, comme tout le fait supposer, les sept autres tombes du papyrus sont aussi à Drah-abou-neggah, nous arriverions, avec les quatre que les fouilles ont fait retrouver, à un total de quatorze tombes, toutes situées dans la partie de la nécropole thébaine que je viens de nommer. — Voilà, Monsieur, les résultats que m'a laissés entre les mains l'exploration de la plaine de Drah-abou-neggah. Je suis loin de donner ces résultats comme définitifs, et je pense au contraire qu'il faudra les modifier et les agrandir à mesure que des observations plus régulières nous feront entrer dans un ordre de faits mieux établis ; mais tels qu'ils sont, ils suffisent, je pense, pour faire voir que des fouilles bien conduites aideront à l'intelligence complète de ce texte curieux que M. Birch nous a signalé dans le travail qu'il appelle trop modestement une ébauche.

Depuis les nouvelles que je vous ai données du temple de Karnak, le déblayement de cet édifice a fait de grands pas. Du pylône de l'ouest au fond du sanctuaire de granit, un dallage uni a remplacé les décombres sous lesquels le monument gisait enseveli ; l'ordre a ainsi succédé au désordre ; des chambres nouvelles ont surgi, chargées de figures et de représentations, et là où, il y a un an encore, l'antiquaire trouvait à peine quelques épis perdus à ramasser entre des murs écroulés, il recueille aujourd'hui une ample moisson de textes inconnus qui seront bientôt, je l'espère, la richesse de la science.

Entre les points qui ont fixé mon attention, je citerai au premier rang l'inscription commémorative des victoires de Thouthmès III, connu sous le nom de mur numérique de Karnak. Jusqu'ici ce document célèbre n'avait pu être étudié qu'imparfaitement. Quelques portions en sont au Louvre, et ceux qui les ont enlevées n'ont jamais fait connaître l'endroit précis du temple où ils les ont prises. D'autres parties sont restées à leur place antique, et il faut avoir visité Karnak avant la décision du vice-roi qui en a ordonné le déblayement pour avoir une idée des ruines confuses au sein desquelles ces parties du mur sont restées si longtemps plongées. De tout cela il est résulté que le mur de Karnak n'a jamais pu être envisagé dans cet ensemble qui est si nécessaire aux textes d'une portée véritablement historique, et que l'état de dilapidation dans lequel il a toujours été vu, nous ont forcés à ne le considérer jamais que comme une suite de fragments reliés les uns aux autres par des sutures incertaines. L'occasion des fouilles s'étant présentée, je n'ai donc pas cru devoir négliger l'étude sur place d'une inscription dont l'intelligence doit être si utile à l'histoire de l'un des plus glorieux règnes de l'Égypte; et effectivement, le déblayement achevé, je me suis trouvé en possession de résultats qui vous intéressent particulièrement et que je vais vous communiquer.

Quand Thouthmès III prit la décision de consacrer par une inscription monumentale le souvenir des victoires qu'il avait remportées sur les ennemis de l'Égypte, il fit bâtir en grès jaune une chambre de vingt-cinq mètres sur douze mètres, au centre du temple de Karnak, et qui est celle-là même dans l'intérieur de laquelle Philippe Aridée éleva plus tard son sanctuaire de granit. Les petits côtés de cette chambre regardaient l'est et l'ouest, et c'est au milieu, du côté de l'ouest, que s'ouvrait la porte d'entrée. Telle était la disposition architecturale des lieux. Quant à l'ornementation des murs intérieurs, elle a été disposée par Thouthmès III de telle sorte que le mur du côté de l'est est resté nu, et que les deux grands murs du nord et du sud ont reçu de longues légendes accompagnées de tableaux qui courent parallèlement vers l'ouest, et, après avoir enjambé sur la paroi dans laquelle se trouve la porte d'entrée, vont se rejoindre en se terminant aux deux scènes d'adoration qui forment l'encadrement de cette porte. (Voy. dans le grand ouvrage de la commission prussienne une de ces scènes finales, *Denkm.*, *Abth.* III, *Bl.* 30, *a.*) A part quelques détails que j'omets à dessein, l'ornementation de la chambre de Thouthmès III consistait donc en deux inscriptions, inscription du nord et inscription du sud, qui à elles deux forment ces fameuses annales auxquelles le temple de Karnak doit une partie de sa célébrité. Maintenant, quels sont les points de repère qui peuvent servir à retrouver l'enchaînement de ces deux inscriptions sur les ouvrages déjà publiés? C'est ce que je vais tâcher de vous montrer. La moins importante des deux inscriptions est celle du sud, ou du côté droit en entrant. Une restauration de Séti II en a

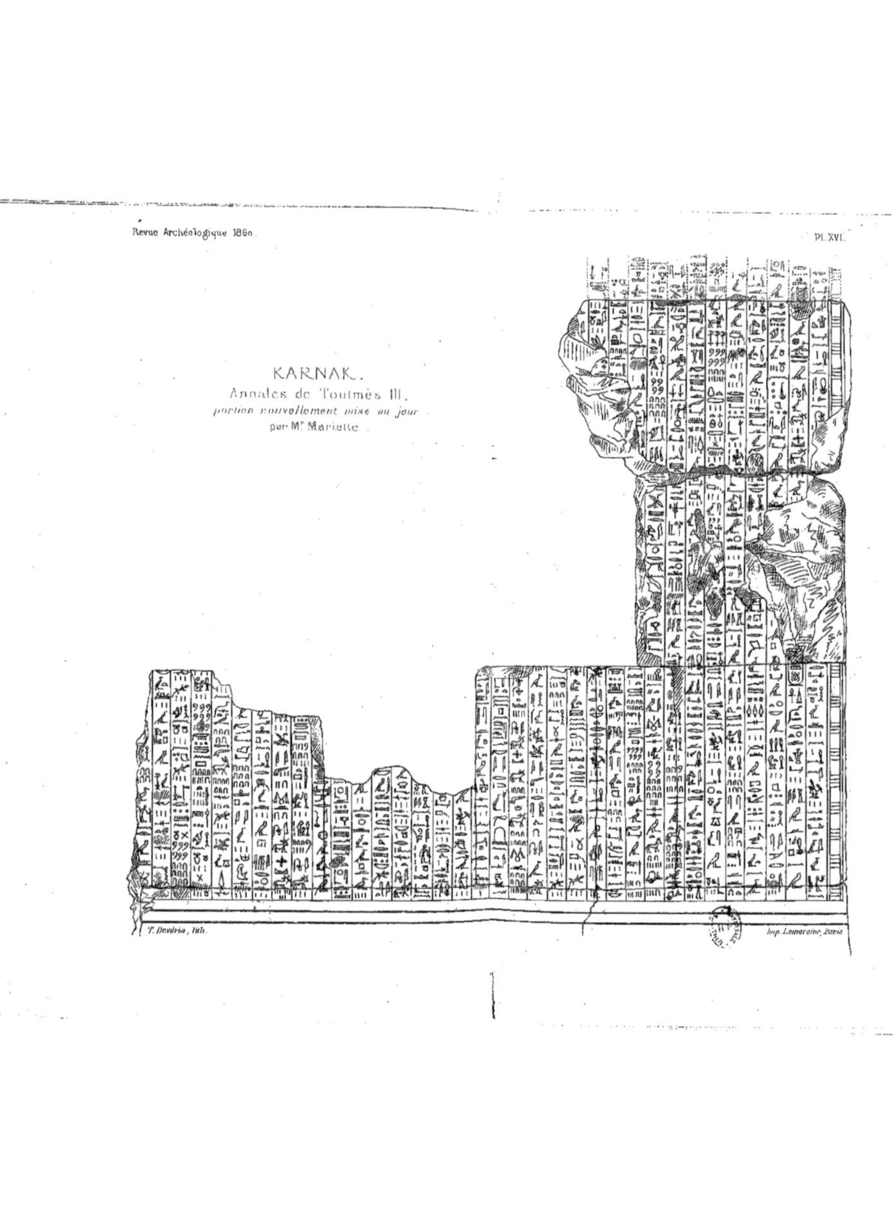
KARNAK.
Annales de Toutmès III.
portion nouvellement mise au jour
par M. Mariette.
T. Dévéria, lith.
Imp. Lemercier, Paris.

fait perdre une bonne moitié, et il n'en reste plus que la dernière moitié, c'est-à-dire les 34 lignes qui occupent le côté droit de la paroi ouest, et qui sont publiées dans les *Denkm.*, *Abth.* III, *Bl.* 30, *b.* (Après ces 34 lignes vient une scène d'adoration comme en *a*, que M. Lepsius a omise.) La plus importante de nos deux inscriptions, celle du nord, est heureusement mieux conservée. Elle se décompose en trois parties qui sont les suivantes : 1° un texte de 19 lignes qui se termine par : *comme le soleil à toujours*, ce qui prouve que l'inscription n'allait pas plus loin (Voy. *Abth.* III, *Bl.* 31. *b*; M. Lepsius n'a connu que 11 lignes; voy. aussi Birch, *The Annals of Thothmes* III, dans les *Archæologia*, vol. XXXV, p. 121); 2° un second chapitre de 110 lignes qu'une porte latérale (la porte nommée *Ra-men-Kheper Amen* (*ouer biou*) coupe en deux en laissant 67 lignes d'un côté (Voy. *Abth.* III, *Bl.* 31, 6, *b*; Birch, *Annals*, p. 117, et Brugsch, *Histoire d'Égypte*, 1re partie, p. 95), et 43 de l'autre côté (M. Lepsius n'en donne que 39; voy. *Abth.* III, *Bl.* 32; Birch, *Annals*, p. 121, et Brugsch, *Hist. d'Eg.*, p. 97); 3° un troisième chapitre de 94 lignes, dont 74 occupent la moitié ouest de la paroi nord à la suite des 110 lignes précédentes, et les 20 dernières sont gravées sur la paroi à gauche de la porte d'entrée. Ces 20 lignes sont publiées dans Lepsius, *Abth.* III, *Bl.* 30, *a* (Voy. Birch, *Annals*, p. 134). Quant aux 74 premières lignes, elles se décomposent en 54 lignes qui sont à Paris et qui commencent le chapitre (Lepsius, *Auswahl*, taf. XII; Birch, *Annals*, p. 136; Brugsch, *Hist. d'Eg.*, p. 100), en 6 lignes qui suivent celles-ci et qui sont perdues, et enfin en 14 autres lignes que M. Lepsius a publiées imparfaitement (*Abth.* III, *Bl.* 31, *a*; voy. Birch, *Annals*, p. 142). Voilà, Monsieur, quel est l'enchaînement général des divers chapitres dont se compose le précieux texte historique gravé sur les murailles du sanctuaire de Karnak. Mieux que les explications dans lesquelles je viens d'entrer, le tableau suivant vous aidera à retrouver les points de repère que je viens de vous signaler :

Inscription du nord.

1er chapitre :	19 lignes......................	*Abth.* III, *Bl.* 31, *b.*
2e chapitre : 110 lignes	⎰ 67 lignes..........	*Abth.* III, *Bl.* 31, *b, b.*
	⎱ 43 lignes..........	*Abth.* III, *Bl.* 32.
3e chapitre : 94 lignes	⎧ 54 lignes à Paris..	*Ausw.* taf. XII.
	⎪ 6 lignes perdues.	
	⎨ 14 lignes..........	*Abth.* III, *Bl.* 31, *a.*
	⎩ 20 lignes..........	*Abth.* III. *Bl.* 30, *a,*

Total : 233 lignes.

Inscription du Sud.

1er chapitre (détruit) : X lignes.
2e chapitre :   34 lignes.............. *Abth.* III, *Bl.* 30, *b.*
       Total........ X + 34 lignes.

Il me reste, avant de quitter le mur numérique, à vous faire part
de deux faits. — Le premier concerne la légende qui est gravée à la
fin (223 lignes) de l'inscription du nord, et qui résume chronologi-
quement l'ensemble du récit : selon la leçon de M. Birch, il faudrait
lire : « Et voici que Sa Majesté a ordonné d'établir (sur ce mur) les
« victoires qu'il a remportées en commençant à l'an 29 et en conti-
« nuant jusqu'à l'an 32. » Soyez sûr, Monsieur, qu'il n'y a sur l'ori-
ginal ni 29, ni 32. La première de ces deux dates, à la vérité, est un
peu détruite ; mais la planche de M. Lepsius rapporte fidèlement
l'arrangement des chiffres, et vous voyez qu'il n'y a place là que
pour l'an 22, ou l'an 23 ; conséquemment la phrase finale que je viens
de traduire se rapporte, non pas au troisième chapitre de notre inscription qui débute par l'an 29, et qui est à Paris, mais à l'inscription du nord tout entière, qui effectivement donne au commencement
la date de l'an 22 pour celle de la première campagne du roi. Quant
à la date donnée pour la dernière de ces campagnes, elle est celle de
la quarante-deuxième année du règne de Thouthmès. Comme cela
arrive fréquemment pour les textes gravés en relief très-mince sur
le grès, l'un des chiffres *dix* a presque disparu par une sorte de dis-
solution spontanée de la pierre, et il est évident que si M. Lepsius a
fait sa publication sur un estampage, il a dû lire 32. Mais le chiffre
qui tend à s'effacer est encore parfaitement clair, et c'est sans contre-
dit l'an 42 qu'il faut voir dans la date qui termine la principale des
deux grandes inscriptions de Karnak. — Le second fait dont je désire
vous parler est relatif à ma découverte de 35 lignes jusqu'ici inconnues de ce même mur numérique. Ces 35 lignes sont encore en place
et sont la fin des 35 premières lignes du texte qui a été transporté à
Paris. La découverte ne change donc rien à l'arrangement général
de l'inscription de Karnak, tel que je l'ai résumé plus haut ; mais
elle complète d'une manière heureuse la portion du mur numérique
que vous possédez au Louvre. Je vous en enverrai une copie dans
ma prochaine lettre, et j'espère que ce document vous sera d'un bon
secours pour le travail que vous nous avez promis et dans lequel vous
nous proposez d'étudier comme vous le savez faire les Annales de

Thouthmès. Du reste, j'ajouterai en terminant que dans les parties retrouvées aucun fait saillant ne me paraît surgir. Je ferai remarquer seulement à la fin de la ligne 17 la mention d'une stèle du roi Thouthmès Ier (le cartouche est à Paris et commence la ligne 18), que Thouthmès III appelle bien positivement son père. Cette révélation a son importance. La généalogie des Thouthmès n'avait pas encore été bien établie, et il n'est pas sans intérêt d'apprendre que Thouthmès Ier laissa après lui deux glorieux successeurs qui furent ses deux fils, Thouthmès II et Thouthmès III, et sa fille, cette fameuse régente Hatasou, qui couvrit les bords du Nil de ses monuments.

Je n'ai plus, Monsieur, à vous parler que d'Edfou, et j'aurai terminé cette longue lettre. Il y a loin du temple d'Edfou, tel que les voyageurs l'ont vu cet hiver, à ce même temple dans lequel si peu de personnes avaient naguère le courage de pénétrer. Presque rien du temple d'Edfou n'était alors connu ; le village moderne avait escaladé le temple ancien et s'était établi sur sa plate-forme. Hommes et bestiaux, tout vivait sur cette colline factice qui avait l'avantage d'être creuse et d'offrir dans ses flancs des réceptacles commodes pour toute espèce d'immondices. Aujourd'hui, Edfou est rendu à son antique splendeur. J'ai fait abattre les soixante-quatre maisons qui encombraient la plate-forme; vingt-huit autres maisons qui approchaient de trop près le mur extérieur du temple ont été également démolies, et quand l'édifice aura été isolé de tout ce qui l'entoure par une enceinte solidement construite, l'œuvre de restauration d'Edfou sera accomplie. Jusqu'à présent, tout le temple proprement dit et la belle cour qui le précède sont déblayés jusqu'au sol antique. L'enlèvement des matériaux qui ont comblé le chemin de ronde extérieur marche également, et à l'heure où je vous écris les terrassiers sont à l'œuvre en avant du pylône. Vous voyez par là, Monsieur, que le vice-roi a pris au sérieux la tâche qu'il s'est donnée de rendre Edfou à la science. Du reste, tant de peines et tant de sacrifices ne seront pas perdus. Le temple d'Edfou a tenu ses promesses, et il est aujourd'hui le mieux conservé et le plus magnifique des édifices que possède l'Égypte. A part le pronaos et le sanctuaire, qui ont perdu trois ou quatre architraves, tout y est encore intact comme au premier jour. Denderah est bien aussi, comme Edfou, un spécimen précieux de l'art de construire sous les anciens maîtres de l'Égypte; mais Edfou a sur Denderah l'avantage d'être d'un meilleur temps et de présenter dans son ensemble des proportions harmonieuses qui semblent avoir le don d'agrandir encore l'édifice. Quant à la science, elle gagnera au déblayement d'Edfou toutes les richesses que peuvent donner une quarantaine de chambres chargées de légendes, et des murs sculptés qui, ajoutés les uns aux autres, n'auraient pas moins d'un kilomètre de développement. Obligé, comme je le suis, d'entourer de la même surveillance des travaux qui s'exécutent aux deux extrémités de l'Égypte, je n'ai pu, comme vous le pensez bien, Monsieur, dresser un inventaire complet de ces nouvelles acquisitions, et c'est à peine si, dans les quelques jours que j'ai passés à Edfou, j'ai pu copier une demi-douzaine de bas-reliefs historiques et trois ou quatre listes de nômes que n'a certainement pas connues M. Brugsch. Mais il vous suffit de savoir qu'Edfou n'est plus ce lieu presque inaccessible dont la science avait tant de peine à franchir le seuil; Edfou est un livre désormais ouvert, dont les feuillets se comptent par centaines, et dans lequel tout le monde, grâce au vice-roi, a maintenant le droit et le pouvoir de lire. — J'ajouterai comme dernier renseignement que la découverte dont on a parlé est celle d'un naos monolithe, de beau granit rose, faite au fond du sanctuaire d'Edfou. Ce naos, dont le sommet est un pyramidion, n'a pas moins de quatre mètres et demi de hauteur, et présente sur sa façade et sur les trois côtés de sa cellule intérieure des légendes finement gravées qui appartiennent au règne de Nectanébo Ier, l'ancien Amyrtée. Ce monument a toute la grâce de l'époque saïtique, et quand on le compare aux bas-reliefs ptolémaïques qui forment la décoration de la chambre au milieu de laquelle il a été trouvé, on est étonné que ce bel art égyptien, auquel, de Schafra à Nectanébo, nous devons de si remarquables œuvres, ne soit resté debout pendant quatre mille ans que pour tomber tout d'un coup à son premier contact avec la civilisation grecque, qui, loin de chercher à l'abattre, a tout fait au contraire pour se l'approprier.

Ce rapide compte rendu résume, Monsieur, les principaux travaux archéologiques exécutés depuis huit mois en Egypte. Certes, de pareils travaux, avec les moyens dont je dispose, auraient pu être couronnés de succès plus éclatants, et la différence est surtout sensible quand l'on énumère dans nos musées les incomparables trésors amassés par les Drovetti, les d'Anastasy et les Mimaut. Mais l'on voudra bien nous tenir compte de nos efforts si l'on se rappelle qu'après le grand naufrage des monuments égyptiens, les explorateurs que je viens de nommer ont été les premiers à recueillir les épaves flottantes, laissant à leurs successeurs pour unique butin les débris qu'il nous faut aller chercher maintenant jusqu'au fond des flots qui les ont engloutis. Quoi qu'il en soit, le musée égyptien du Caire se fera, et je dirai même qu'il se fait. Aussi riche que personne en bijoux, en statues de l'ancien empire et en sarcophages de granit, riche déjà en styles funéraires et en bas-reliefs, il peut envier à certaines collections un meilleur ensemble de statues royales et de papyrus. Telle qu'elle est, la collection du vice-roi est cependant de celles avec lesquelles il faut commencer à compter, et si nos succès se soutiennent encore pendant deux ans, j'ai l'espérance que le musée du Caire sera le rival quelquefois heureux de nos plus beaux musées. Peut-être, Monsieur, vous semble-t-il que j'ai tort de louer ainsi une œuvre à l'accomplissement de laquelle je n'ai pas été étranger; mais la meilleure et la plus large part des éloges revient à celui qui a pris l'initiative des fouilles, qui les soutient depuis dix-huit mois, et donne ainsi à tous le spectacle d'un souverain de l'Orient s'entourant des institutions qui sont le luxe des nations les plus avancées de l'Europe.

Agréez, Monsieur, l'assurance du profond respect de votre dévoué serviteur.

Aug. Mariette.

www.ingramcontent.com/pod-product-compliance
Ingram Content Group UK Ltd.
Pitfield, Milton Keynes, MK11 3LW, UK
UKHW020912140726
13695UKWH00006B/2473